AF431540

EL PODER DE LA GRATITUD

7 pasos para una vida más feliz, exitosa y llena de auténtico significado

Daniel J. Martin

ISBN 9789916993712

Aviso: Este libro ha sido creado con la intención de ofrecer información, sugerencias y orientación sobre distintas áreas de la vida, entre ellas el bienestar emocional, la salud mental, el crecimiento personal y el desarrollo de relaciones saludables. Sin embargo, no sustituye en ningún caso a la atención médica profesional o al asesoramiento de un psicólogo o terapeuta calificado. Si estás enfrentando problemas serios de salud mental o emocional, te recomendamos que busques ayuda profesional de manera inmediata.

*«La gratitud abre la plenitud de la vida.
Convierte lo que tenemos en suficiente, y más.
Convierte la negación en aceptación, el caos
en orden, la confusión en claridad.»*

— Melody Beattie

ÍNDICE

¡Un regalo solo para ti!

¿Te gustaría leer **mi próximo libro completamente GRATIS**? ¡Escanea el código que aparece debajo y **apúntate a mi club de lectores**!

Te esperan grandes sorpresas: sé el primero en leer mis nuevos lanzamientos, escucha mis audiolibros de forma gratuita, consigue copias firmadas y dedicadas... ¡y mucho más!

INTRODUCCIÓN

Entendiendo la gratitud

¿Alguna vez te has sentido tan perdido que has llegado a pensar que debe de haber algo que estás haciendo mal? Has puesto en práctica todas las lecciones aprendidas en infinidad de libros a lo largo de los años, pero nada parece funcionar y la felicidad y el éxito anhelados se vislumbran cada vez más lejanos. Con el paso del tiempo, el sentimiento de frustración es cada vez mayor y empiezas a creer que te han estado engañando. No es así. Simplemente hay algo que falta, pero todavía no te has dado cuenta.

Pongamos como ejemplo otros de mis libros de esta misma colección. En ellos puedes encontrar herramientas tan potentes como pueden ser el poder de los objetivos o el de la autoconfianza. Cualquiera de ellos realmente tiene el potencial de cambiar tu vida para mejor y para siempre. Así que, cuando terminas de leerlos, sientes que por fin has hallado esa pieza que faltaba. Sin embargo, todavía necesitas otros dos ingredientes imprescindibles: primero, la acción o puesta en marcha de lo aprendido; y segundo, una herramienta adicional que complementa y amplifica a las demás. Es la que yo llamo la sal de todas las herramientas: la gratitud.

La gratitud tiene el poder de añadir sabor (o significado) a todos tus logros y tus esfuerzos, que de otra manera podrían resultarte insípidos o carentes de sentido. Seguro que más de una vez, mientras cocinabas, se te ha olvidado poner sal a la comida. ¿Qué tal te supo el plato? Seguro que te pareció que había perdido toda su gracia,

¿verdad? Puede que, por todo lo demás, el plato estuviese perfectamente preparado, pero la falta de este ingrediente «insignificante» hizo que no lo disf rutases como se merecía y no podías evitar pensar todo el tiempo en que faltaba algo. Pues esto es exactamente lo que ocurre cuando pones en práctica herramientas perfectamente válidas y poderosas, pero olvidándote de complementarlas con gratitud.

Es por esto que la gratitud es una herramienta o hábito esencial e indispensable en nuestro camino hacía una vida plena y feliz. Sin embargo, también es la herramienta más difícil de dominar. Por un lado, son muchas las personas que no son capaces siquiera de recordar la última vez que se sintieron realmente agradecidas. Porque no me estoy refiriendo al simple acto de decir «gracias» cuando alguien hace algo por nosotros. Hablo de una gratitud más profunda, una gratitud que sale del corazón y que se manifiesta en la forma de pensar y de actuar. Y, por otro lado, y lo que es más grave todavía, muchos nunca han experimentado esta sensación de auténtica gratitud, de modo que no saben lo que significa ni mucho menos lo que debe sentirse.

No pretendo juzgar a nadie. Como he dicho, la gratitud no es un hábito fácil de dominar, especialmente cuando estamos atravesando situaciones difíciles. Te hablo desde la propia experiencia. Como seguramente ya sepas por alguno de mis otros libros, cuando era pequeño, en mi casa, la situación económica era complicada. Mis padres, como millones de personas en todo el mundo, siempre han vivido atrapados en la carrera de la rata. Desde esta posición de precariedad financiera, practicar la gratitud, o incluso el simple hecho de considerarla, puede parecer una tarea imposible. Más aún para un niño pequeño que apenas cuenta con herramientas en su mochila de la vida. Una de estas herramientas que descubrí más adelante, en mi adolescencia, y que me ayudó a empezar a poner en práctica el poder de la gratitud, fue la *ley del todo o nada*. Según esta ley, no podemos estar en dos estados mentales al mismo tiempo. Es decir, podemos elegir quejarnos o estar agradecidos. O lo uno o lo otro, pero no es posible quejarse y estar agradecido **simultáneamente**.

Por ponerte un ejemplo, mientras vivíamos atrapados en la carrera de la rata, yo podía elegir estar enfadado porque no podía irme de vacaciones como muchos de mis compañeros de clase o podía elegir estar agradecido por poder quedarme en casa disfrutando de mis padres. Algo que, por desgracia, uno de mis compañeros no podría hacer nunca más, pues sus padres fallecieron cuando él tenía tan solo 9 años. ¿Puedes hacerte una idea de lo que habría dado ese niño por estar en mi lugar?

Lo cierto es que siempre van a haber problemas en tu vida, del mismo modo en que siempre van a haber cosas por las que estar agradecido. Pero tuya, y solo tuya, es la elección de dónde poner tu foco, así de simple.

No quiero que me malinterpretes, que sea simple no quiere decir que sea fácil. Lo cierto es que existen muchos factores u obstáculos que nos dificultan dominar la gratitud y disfrutar de sus beneficios, como pueden ser la procrastinación, la incapacidad para «dejar ir» o la mentalidad de merecimiento:

1. La procrastinación.

O el «ya lo haré mañana». Para que la gratitud se convierta en un hábito y ocurra de forma automática es necesario practicarla todos los días. Cuando empezamos a postergar, terminamos por no hacer muchas de las cosas que realmente son importantes para nosotros. Así que, si de verdad quieres incorporar la gratitud a tu vida, empieza desde ya mismo. ¿Ya te has parado a pensar o has anotado algo por lo que estar agradecido desde comenzaste este libro? ¿A qué esperas? ¡Hazlo ahora!

2. La incapacidad para «dejar ir».

Todo el mundo se enfrenta a situaciones difíciles en algún momento de su vida. Estas situaciones nos afectan de diferentes maneras y pueden provocar emociones «negativas» como son la ira o la tristeza. Esto no es malo de por sí, pues cada emoción está ahí por algo y cada una cumple su cometido, pero cuando estás emociones permanecen con nosotros demasiado tiempo, se «enquistan» y se vuelven tóxicas. De este modo, se hace casi imposible aplicar la gratitud porque, como ya sabes, las emociones positivas y negativas no pueden coexistir al mismo tiempo.

3. La mentalidad de merecimiento.

El «yo me merezco», es otro de los factores que nos ponen las cosas difíciles. De hecho, este tipo de actitud es contraria al crecimiento de un espíritu de gratitud. La mentalidad de derecho es, en esencia, lo contrario a la gratitud: a medida que me siento con más derecho, mi gratitud se reduce en la misma proporción. Debemos abandonar esta mentalidad y superar el sentimiento de derecho o merecimiento. Cuando alguien se siente con derecho a algo, hay poca necesidad de gratitud: «No necesito dar las gracias a nadie; me lo he merecido. De hecho, estas personas tienen suerte de tenerme cerca. Soy increíble.»

¿Empiezas a entender por qué a tantas personas les cuesta incorporar la gratitud en sus vidas?

Por suerte, existen muchos más beneficios que obstáculos en la práctica de la gratitud. Conocer estos beneficios de antemano hará más fácil que mantengamos la motivación y que nuestro ánimo no decaiga antes de alcanzarla. Déjame contarte alguno de ellos.

7 beneficios científicamente probados de la gratitud.

1. La gratitud abre las puertas a más relaciones.

Decir «gracias» no solamente es de buena educación, según un estudio publicado en la revista *Nature Human Behaviour*, también puede ayudarte a ganar nuevos amigos. El estudio concluyó que ser agradecido con alguien que acabamos de conocer incrementa las probabilidades de que posteriormente entablemos una relación con esa persona. Así que, ya sea dar las gracias a un extraño por sostenerte la puerta o enviar una nota de agradecimiento a un colega que te ayudó con un proyecto, reconocer las contribuciones de los demás puede traerte nuevos amigos y oportunidades.

2. La gratitud mejora la salud física.

Según un estudio publicado en la revista *Health Psychology*, las personas agradecidas experimentan menos dolores y aflicciones. No es de extrañar que las personas agradecidas también tengan más probabilidades de cuidar de su salud. Se ejercitan con más frecuencia y son más propensas a acudir a revisiones generales, lo que sin duda contribuye a una mayor calidad de vida y longevidad.

3. La gratitud mejora la salud psicológica.

La gratitud reduce multitud de emociones tóxicas, desde la envidia y el resentimiento hasta la frustración y el remordimiento. El Dr. Robert A. Emmons, líder en investigación sobre gratitud, ha llevado a cabo múltiples estudios sobre la relación entre la gratitud y el bienestar. Y, como ya te estarás imaginando, sus investigaciones confirman, sin ningún género de dudas, que la gratitud incrementa la felicidad y reduce la depresión.

4. La gratitud mejora la empatía y reduce los niveles de agresividad.

Según un estudio realizado por la Universidad de Kentucky, las personas agradecidas tienen más probabilidades de comportarse de una manera prosocial, incluso cuando los demás se comportan con menos amabilidad. Los participantes del estudio que tuvieron una puntuación más alta en las escalas de gratitud tenían menos probabilidad de tomar represalias hacia otros, incluso cuando recibían retroalimentación negativa. Además, experimentaron más sensibilidad y empatía hacia otras personas y un deseo reducido de buscar venganza.

5. Las personas agradecidas duermen mejor.

Está demostrado que escribir un diario de gratitud mejora la cantidad y la calidad del sueño. ¿No me crees? Prueba a pasar solo 5 minutos escribiendo alguna de las cosas por las que estás agradecido antes de irte a dormir. Te aseguro que te sorprenderán los resultados.

6. La gratitud mejora la autoestima.

Un estudio publicado por la revista *Sport Psychology,* encontró que la gratitud incrementó la autoestima de los atletas, un componente esencial para un desempeño óptimo. Otros estudios han demostrado que la gratitud reduce las comparaciones sociales. En lugar de guardar resentimiento hacia las personas que tienen más dinero o un mejor trabajo —un factor importante en la reducción de la autoestima—, las personas agradecidas son capaces de reconocer y de apreciar sus logros.

7. La gratitud incrementa la fuerza mental.

Durante años, las investigaciones han demostrado que la gratitud no solamente reduce el estrés, sino que también podría tener un papel importante en ayudar a superar un trauma. Un estudio de 2006 encontró que los veteranos de la Guerra de Vietnam con niveles más altos de gratitud experimentaron índices más bajos de estrés postraumático. Así mismo, otro estudio de 2003 encontró que la gratitud contribuía a una mayor resiliencia tras los ataques terroristas del 11-S. Reconocer que tenemos cosas que agradecer, incluso durante los peores momentos, impulsa la resiliencia.

Como ves, la práctica de la gratitud tiene múltiples beneficios que afectan a todas y cada una de las áreas de tu vida, tanto a nivel físico como mental, y constituye un ingrediente indispensable en tu camino hacia una vida más feliz, exitosa y llena de significado.

Espero haber **sabido** transmitirte su importancia y que hayas decidido dominarla y hacerla parte de ti.

Si es así, lo único que tienes que hacer es comprometerte a leer este libro de principio a fin con una mente abierta y sin prejuicios y a poner en práctica **7 sencillos pasos** que voy a revelarte. Todo lo demás corre de mi cuenta.

¿Trato hecho?

¡Empecemos!

Mindfulness

*«Todo es creado dos veces, primero en la mente,
luego en la realidad.»*

— Robin Sharma

En este viaje hacia una vida de gratitud, lo primero que debemos entender es que esta empieza en nuestra mente. Por eso, para hacer el camino lo más sencillo posible, empezaremos precisamente centrándonos en nuestros pensamientos. Pregúntate: ¿Qué cosas son las que más me importan? ¿En qué pienso constantemente? ¿Qué me hace sentir vivo? Este tipo de preguntas forman parte de lo que se conoce como mindfulness o atención plena.

El mindfulness es la capacidad inherente al ser humano de estar presente en cada momento sin reaccionar de forma exagerada ni sentirse abrumado por los acontecimientos externos. Esto significa que tanto tú como yo tenemos una capacidad innata de dirigir nuestra atención y energía al momento presente. Pero, ¿por qué nos resulta tan difícil hacer uso de esta capacidad?

El mundo se ha convertido en un lugar tremendamente ruidoso. Las nuevas tecnologías —especialmente las redes sociales— nos han puesto demasiado fácil estar pendientes de todo lo que ocurre en cualquier rincón del planeta. Al final, esto hace que desviemos la atención de nosotros mismos hacia todo y todos los demás. A esto hay que sumar el hecho de que estar ocupado en todo momento parece haberse puesto de moda y nadie quiere quedarse atrás. Tener una agenda demasiado apretada termina por hacer mella en nuestras mentes y la mayoría de las personas llevamos una parte importante de nuestras vidas en piloto automático.

El mindfulness nos permite desconectar este piloto automático y centrarnos en el momento presente. Aquí y ahora.

La conexión entre mindfulness y gratitud.

El mindfulness no es un concepto nuevo. Es posible que lleves años practicándolo sin saberlo. El problema es que también es muy posible que hayas estado dejando de lado un aspecto fundamental: la gratitud. Para obtener los mejores resultados de tus prácticas de mindfulness, necesitas introducir la gratitud en ellas. Pues, aunque la atención plena te ayuda a estar menos en tu cabeza y más en el momento presente, la gratitud es la píldora mágica que mejora tu estado de ánimo y hace que estas prácticas sean más provechosas

El mindfulness te permite observarte a ti mismo, a los demás y al mundo sin juzgar, con un sentido de curiosidad y aceptación. La gratitud te ayuda a darte cuenta de que tienes muchas más cualidades de ti mismo, de los demás y del mundo por las que estar agradecido. Juntas, estas prácticas alimentan lo que los budistas llaman el «Ser Superior» que hay en ti.

Gracias al mindfulness no solo aceptarás las cosas como vienen, sino que serás capaz de estar agradecido por ellas. Es como tener un listado mental de todas tus cualidades y estar agradecido por cada una de ellas al mismo tiempo. El mindfulness realmente cambia las reglas del juego en lo que respecta a la gratitud.

Además, otra de las grandes ventajas de la atención plena es que puedes valerte de ella para desencadenar la gratitud, utilizando alguno de sus muchos ejercicios a modo de anclaje.

Un anclaje consiste en asociar un estímulo, que puede ser visual, olfativo o cinestésico, a un estado emocional. De esta forma, cuando repetimos el estímulo se evocará el estado emocional que teníamos en el momento de crear dicho anclaje.

El origen del estudio y de la importancia de los anclajes se remonta a Iván P. Pavlov, psicólogo y fisiólogo ruso ganador del Nobel de medicina en 1904. Los anclajes para Pavlov eran la asociación de un estímulo (una campanilla) a una respuesta fisiológica (salivación). Esto se producía por la asociación conductual llamada reflejo condicionado.

Inconscientemente, estamos continuamente expuestos a estos anclajes. Por ejemplo, podemos escuchar una canción y experimentar un estado emocional determinado porque esa música nos recuerda a algo o a alguien. O también podemos oler un perfume e inmediatamente transportarnos a un momento del pasado, reviviendo las experiencias o emociones que tuvimos en aquel entonces.

Cuando entendemos esto, es fácil darnos cuenta de que es posible utilizar esta técnica para condicionarnos a practicar la gratitud de forma automática. Podemos crear anclajes que nos recuerden estar agradecidos en cualquier momento aplicando algunos ejercicios básicos de mindfulness.

Al final, el objetivo es crear una vida en la que la gratitud se convierta en tu nueva normalidad.

5 ejercicios básicos de mindfulness.

1. Respiraciones profundas.

Una de las técnicas más utilizadas en el mindfulness consiste en llevar la atención a la respiración.

La respiración es un acto cíclico y automático que nos mantiene vivos y conectados con el presente en todo momento.

Normalmente respiramos de manera inconsciente, sin embargo, la respiración es la principal forma de nutrición de nuestro cuerpo, por lo que tomar consciencia sobre ella y poder modularla nos brindará un mayor autocontrol sobre nosotros mismos.

Un ejercicio de respiración que puedes practicar es:

a. Túmbate boca arriba sobre una superficie estable y rígida.
b. Coloca una mano sobre tu pecho, a la altura de tu corazón, y otra sobre tu vientre.
c. Cierra los ojos y empieza a inspirar por la nariz, tratando de llevar el aire hacia tu vientre, sintiendo cómo este se hincha.
d. Una vez tu vientre ha terminado de llenarse, lleva el resto de aire hacia tu pecho hasta

completar la inspiración. Hazlo despacio, contando los segundos.

e. Aguanta la respiración durante 2 segundos.

f. Comienza a expira lentamente por la boca durante los mismos segundos que tardaste en inspirar.

g. Repite este proceso durante unos minutos.

2. Observa tus pensamientos.

La meditación oriental tiene como objetivo dejar la mente en blanco, deteniendo todo tipo de pensamientos.

Sin embargo, este es un objetivo que puede resultar demasiado ambicioso en nuestra frenética sociedad occidental, por lo que el mindfulness se limita –que no es poco– a jugar con la atención, focalizándola en algo en concreto, consiguiendo así ralentizar el vaivén de pensamientos y la dispersión.

Por ejemplo, puedes realizar el ejercicio anterior de respiración focalizando tu atención en el propio acto de respirar.

Observarás que mientras lo haces aparecen en tu mente decenas de pensamientos intrusivos que tratan desconectarte del momento presente.

El momento presente no es más que aquel que está sucediendo mientras respiras. En cambio, los pensamientos intrusivos te llevarán al pasado o al futuro. No te preocupes, se benevolente contigo mismo y trata de retornar delicadamente tu atención de nuevo a la respiración.

Hazlo tantas veces como te asalten estos pensamientos intrusivos.

La mente tiene la particularidad de poder observarse a sí misma, y cuanto más practiques estos ejercicios, más comprensión tendrás sobre ti, más control irás adquiriendo y más sencillo te resultará.

3. Identifica tus emociones.

Seguramente no solo los pensamientos dispersarán tu atención, ya que en la mayoría de las ocasiones estos vienen acompañados de diferentes emociones.

En nuestro día a día nos vemos expuestos a una gran cantidad de sucesos que nos provocan reacciones emocionales. La mayoría de nosotros cargamos con una pesada mochila de sentimientos que, en gran parte, hemos conseguido reprimir y enmascarar para facilitarnos continuar con nuestras vidas.

Buscamos distracciones y tratamos de mantenernos ocupados para no tener tiempo de pensar en ellas. Es por esta razón que, en el momento en que nos quedamos a solas, en silencio, y bajamos la guardia, esas emociones acumuladas pueden resurgir y recordarnos que siguen ahí.

Es algo común que las primeras veces en que practicamos mindfulness sintamos malestar, tristeza e incluso ansiedad. Justo lo contrario de lo que pensamos que deberíamos sentir. Es algo totalmente natural y no debe asustarte ni desanimarte a continuar.

Para limpiar, uno primero ha de enfrentarse a «su basura», que es lo primero con lo que nos solemos encontrar al quitar de en medio todo aquello que hemos creado para tratar de esconderla.

Una de las técnicas que te pueden ayudar a sobrellevar estas emociones es observar cómo son, cómo se sienten, sin intentar reprimirlas ni eliminarlas.

También te será útil ponerles nombre.

Cuando ponemos nombre a algo, lo hacemos más manejable y nos resulta menos extraño. De esa manera, seremos más capaces de dominar las emociones, en lugar de ser nosotros dominados por ellas.

4. Utiliza la visualización.

El mundo mental puede resultar demasiado abstracto y, acostumbrados a un mundo de estímulos sensoriales, a menudo podemos perdernos. Utilizar técnicas de visualización nos facilitará el poder manejar mejor los pensamientos y emociones que surjan.

En nuestra mente tenemos un registro muy amplio de emociones vinculadas a determinadas imágenes, objetos, colores, etc. El objetivo de la visualización es conectar determinadas imágenes y pensamientos con estados de ánimo específicos. De esta manera, bastará con pensar en actividades o lugares que, por ejemplo, nos despierten sensaciones agradables y de calma, para traer esas mismas sensaciones al momento presente.

También puedes empezar a generar nuevas asociaciones durante la meditación, de modo que cuando entres en un estado de relajación con el que te sientas cómodo, puedas interiorizarlo (crear un anclaje) asociándole una imagen determinada. De esta manera, con la práctica, podrás volver al mismo estado de relajación con tan solo visualizar dicha imagen.

5. Toma conciencia de tu cuerpo.

Con frecuencia, nuestras emociones se esconden tras nuestro cuerpo en forma de trastornos corporales: tensiones musculares, problemas de piel, problemas digestivos, etc.

Por ello, cuando practiques el mindfulness, presta minuciosa atención a tu cuerpo.

Una forma sencilla de aumentar la conciencia del cuerpo es practicar un sencillo ejercicio de escaneo corporal. Consiste en una exploración mental de las diferentes partes del cuerpo, en secuencia, desde los pies hasta la cabeza, o viceversa, prestando atención a cómo se sienten.

Cuando practiques este ejercicio observarás cómo ciertos pensamientos generarán ciertas sensaciones físicas. Suavemente ayúdate de la respiración para apaciguarlos y llevarte a ese momento presente en el que nada es más importante que la fortuna de estar vivo.

Si estos 5 ejercicios han despertado tu interés, pero tienes dificultades para ponerlos en práctica, te recomiendo apoyarte en alguna app que puedas instalar en tu teléfono móvil. Personalmente yo uso Headspace[1], una de las aplicaciones de meditación más populares en todo el mundo. Con su versión gratuita podrás

---

[1] headspace.com

practicar estos 5 ejercicios de forma sencilla, con la ayuda de una guía por voz que te facilitará interiorizarlos y así poder hacer uso de ellos cuando más los necesites.

Resumen del capítulo

La gratitud, como todo lo demás, tiene su origen en nuestra mente, por lo que resulta lógico que, si queremos llegar a dominarla, empecemos centrándonos en nuestros pensamientos. Para ello, nos será muy útil hacer uso de la técnica de atención plena o mindfulness.

El mindfulness es una herramienta muy poderosa que nos facilita dirigir nuestra atención al aquí y ahora. De este modo, mientras el mindfulness nos ayuda a desconectar el piloto automático y centrarnos en el momento presente, la gratitud nos permite estar agradecidos por este.

Tu diario de gratitud

«Sólo podemos decir que estamos vivos en esos momentos en los que nuestros corazones son conscientes de lo que atesoramos.»

— Thornton Wilder

¿Alguna vez has aprendido o memorizado algo perfectamente, pero pasados unos pocos días, o semanas, ese conocimiento parecía haberse esfumado casi por completo? Personalmente, ese era mi día a día (o más bien mi trimestre a trimestre) en mi época de estudiante. Yo era un estudiante modélico en un sistema educativo mediocre (por ser suave). Lo cual no me hace estar demasiado orgulloso. Lo «bueno» es que, olvidar el montón de estupideces que pueden llegar a enseñarte en el colegio, en el instituto o incluso en la universidad, no tiene demasiada importancia. ¿Pero qué pasa si necesitamos recordar lo aprendido? ¿Y si estamos hablando de cosas realmente importantes? La respuesta es muy sencilla. Si queremos que algo no se nos olvide, debemos anotarlo.

La memoria humana es limitada. Hasta hace poco se pensaba que las personas éramos capaces de recordar de cinco a siete cosas a la vez, pero recientes estudios han demostrado que tan sólo podemos recordar dos o tres. Con cada vez más distracciones en nuestro entorno, el espacio de nuestra memoria a corto plazo se ha ido reduciendo.

Si solo podemos recordar dos o tres cosas a la vez, ¿cómo vamos a recordar todas las cosas por las que deberíamos estar agradecidos? Para refrescar tu memoria, necesitas estimularla, y una de las formas más eficaces, sencillas y económicas de conseguirlo es mediante un diario de gratitud.

Un diario de gratitud es una agenda o libretita que la gente utiliza para reflexionar y centrarse en las cosas positivas de su vida. Es una práctica muy extendida en psicología positiva, que ha obtenido un gran reconocimiento por haber demostrado su efectividad mejorando la vida de millones de personas. Así que, si nunca has probado a llevar un diario de gratitud contigo, ya va siendo hora de empezar a hacerlo. ¿Se te ocurre una forma más fácil de mejorar tu vida?

Pero, ¿por qué es tan importante lo del diario? ¿Por qué no basta únicamente con pensar en las cosas por las que estar agradecido y ahorrarnos el tiempo de tener que escribirlas? Pues por dos sencillos motivos. El primero, como acabamos de ver, es nuestra memoria limitada. Y el segundo, y todavía más importante, es la capacidad selectiva de nuestra memoria limitada. Esto es, la tendencia de nuestra memoria a centrarse en los recuerdos negativos por encima de los positivos.

Este fenómeno se conoce como sesgo de negatividad. De acuerdo con el neurocientífico Rick Hanson, el sesgo de negatividad es consecuencia de la evolución, dado que los primeros antepasados humanos aprendieron a tomar decisiones inteligentes en función del riesgo que implicara llevarlas a cabo. Aquellos seres humanos que mejor recordaban acontecimientos negativos, y los evitaban, tenían una mayor esperanza de vida.

Este patrón fue pasando de generación en generación, modelando el cerebro humano para darle mayor importancia a los aspectos negativos, prestarles más atención y tener en cuenta eventos potencialmente peligrosos para la integridad física, emocional y psicológica del individuo.

De esta forma, un fenómeno que millones de años atrás aumentaba nuestras posibilidades de supervivencia, acabó volviéndose en nuestra contra, y si no tomamos, de forma consciente, cartas en el asunto, nos veremos irremediablemente arrastrados por él.

Por suerte, para anular este vestigio evolutivo que lastra nuestras vidas, no hace falta someternos a ninguna complicada intervención de microcirugía cerebral ni esperar otros tantos millones de años hasta que nuestro cerebro acabe dándose cuenta de que este rasgo ya no ayuda a la supervivencia de la especie. Lo único que tenemos que hacer para contrarrestar este sesgo de negatividad es... escribir un diario de gratitud.

Un diario de gratitud nos ayudará; por un lado, a centrarnos en lo que nosotros (no nuestra mente) queremos –las cosas buenas–; y por otro, a poder rememorar esas cosas buenas en cualquier momento y cuando nosotros decidamos. De esta manera, incluso en nuestros peores días, aquellos en los que un acontecimiento terrible arrasa con todo y parece imposible encontrar nada por lo que estar agradecido, podemos echar mano de nuestro diario para recordarnos todas las cosas buenas que hay en nuestra vida e incluso revivir la gratitud y felicidad que sentimos en el momento de escribirlas.

5 consejos para escribir un diario de gratitud.

Escribir un diario de gratitud es como escribir un diario personal. La única diferencia es que los diarios de gratitud son mucho más profundos pues implican una visión más crítica de tus experiencias. Ninguno de ellos requiere de un formato concreto. Al tratarse de unos apuntes tan personales, puedes permitirte escribirlos con total libertad y flexibilidad. Esto significa que no hay una forma incorrecta de escribir un diario de gratitud.

Sin embargo, hay algunos aspectos que conviene tener en cuenta. Sencillas indicaciones que marcan la diferencia entre aquellas personas que obtienes beneficios de escribir un diario de gratitud y aquellas que no:

1. Usa lápiz y papel.

Lo primero que debes hacer es asegurarte de escribir tu diario con lápiz (o bolígrafo) y papel.

Con toda la tecnología que tenemos hoy en día al alcance de nuestra mano puedes estar tentado a usar el ordenador o descargar una aplicación para tu móvil (existen muchas y muy buenas). No lo hagas.

Cuando tecleamos, utilizamos una zona muy reducida y poco creativa de nuestro cerebro. Sin embargo, cuando escribimos a mano, con lápiz y papel, implicamos una zona más extensa y profunda de este. Esto se debe a que escribir a mano implica elaborar cada letra por separado. Una por una. Esto, por supuesto, requiere más destreza e intencionalidad que escribir a máquina. Además, es una forma de escritura más lenta, por lo que deja una huella más duradera en nuestra mente.

Investigadores del *Centro Noruego para la Investigación del Entorno de Aprendizaje y el Comportamiento en la Educación* también han descubierto que leer un texto escrito a mano activa más áreas del cerebro que leer un texto escrito a máquina. Esto se debe a que nuestra memoria está ligada a los movimientos de nuestra mano al escribir.

2. Encuentra tu motivo.

¿Alguna vez has empezado una actividad sin tener un porqué claro que te ayudase a superar los momentos difíciles? ¿Cómo acabó la cosa? Seguro que no muy bien.

¿Sabes cuántas personas deciden apuntarse al gimnasio todos los años únicamente porque «es 1 de enero»? ¿Sabes cuál es el porcentaje de abandono incluso antes de acabar el primer mes? ¡Más del 80%! Esto es porque no hay ningún motivo real o importante detrás que estimule a la acción. No hay intencionalidad, por eso tu cerebro te dice que puedes dejarlo en cualquier momento. Sin embargo, el porcentaje de abandono en aquellas personas que se apuntan al gimnasio con **un motivo bien definido**[2] se reduce drásticamente.

Empezar un diario de gratitud es igual que empezar al gimnasio. Debes tener un motivo importante para hacerlo, un motivo que te ayude a superar los obstáculos y a mantener tu nuevo hábito incluso en los días difíciles.

Por suerte, puesto que el fin último del ser humano es la búsqueda de la felicidad y

---

[2] Si todavía no lo has hecho, te recomiendo revisar el capítulo «objetivos claros y realistas» de mi libro El poder de creer en ti: *www.geni.us/pct-book*

numerosos estudios han demostrado que escribir un diario de gratitud es una de las formas más sencillas y económicas de conseguirla, mantener este hábito es algo relativamente fácil. ¿O acaso ser más feliz no te parece un motivo lo suficientemente importante?

Porque, si no estás decidido a ser feliz, llevar un diario de gratitud no te servirá de nada.

3. Se específico.

Ser específico hará que tu diario sea más auténtico y significativo. Recuerda que escribes tu diario de gratitud para poder rememorar las cosas positivas de tu vida. ¿De qué servirá tu diario si no hay detalles concretos que estimulen tu memoria y te ayuden a rememorar esos momentos felices? En lugar de escribir algo como: «Estoy agradecido por mi familia», mejor escribe: «Estoy agradecido de que los análisis de mi madre hayan salido bien», «Estoy agradecido de que a mi hermano haya sacado un 10 en matemáticas», «Estoy agradecido de que el trabajo de mi padre le deje tiempo para irnos de pesca en vacaciones». Cuando te sumerges en detalles específicos, te serás más fácil rememorar la felicidad y la gratitud que sentiste en esos momentos.

4. Elige tu momento.

Algunos estudios sugieren que escribir en tu diario de gratitud justo antes de acostarse puede ayudar a dormir mejor por la noche. A menudo, parece que nuestra cabeza esté esperando a tocar la almohada para ponerse a darle vueltas a todas las cosas que no hemos hecho durante el día o a preocuparse por lo que debemos hacer al día siguiente. Escribir en tu diario antes de acostarte puede reducir tu estrés y ayudarte a conciliar el sueño. Por otro lado, tal vez descubras que escribir en tu diario de gratitud a primera hora de la mañana te ayuda empezar el día con buen pie o con un chute de motivación extra.

Al final se trata de encontrar el momento que mejor funcione para ti y ser constante.

Personalmente, a mí me gusta escribir las cosas por las que estoy agradecido a primera hora de la mañana y anotar las cosas buenas que han ocurrido a lo largo del día justo antes de irme a dormir.

5. Utiliza plantillas o indicaciones.

Muy bien. Ya sabes cómo y cuándo debes escribir tu diario de gratitud. Ahora solo nos queda saber qué escribir en nuestro diario.

Para que escribir en tu diario te resulte una tarea lo más liviana posible y no te ocupe más 5 minutos al día, te será muy útil emplear un diario que cuente con sugerencias o preguntas preestablecidas sobre las que reflexionar. Esto es especialmente importante al principio, cuando estamos tratando de convertir esta nueva tarea en un hábito que no requiera de apenas esfuerzo por nuestra parte.

TE REGALO MI DIARIO

Si quieres hacerte con una copia del diario de gratitud que uso para trabajar con mis clientes y que ya ha ayudado a miles de personas en su camino hacia una vida más feliz y exitosa, escanea el siguiente código QR:

¿PREFIERES LA VERSIÓN EN PAPEL DE TU NUEVO DIARIO DE GRATITUD?

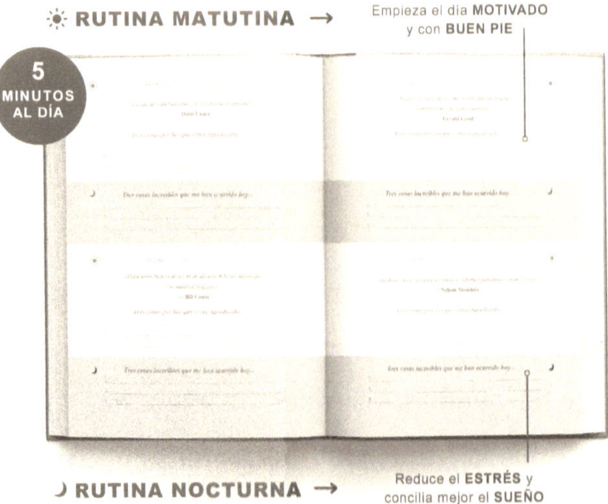

CONSÍGUELO HOY MISMO:

Resumen del capítulo

Nuestra mente no puede recordarlo todo. Para que la gratitud sea efectiva, debes poder rememorar las experiencias positivas de tu vida con el mayor grado de detalle posible. Para ello, llevar un diario de gratitud, escrito a mano, resulta imprescindible. Gracias a este diario, no solo te será más fácil recordar las cosas por las que estar agradecido, sino que, al escribirlas, las harás más concretas y reales, evitando, además, el sesgo de negatividad que nuestra mente arrastra desde hace millones de años.

De esta forma, un diario de gratitud te ayudará a centrarte en lo que tú (y no tu mente) quieres – las cosas buenas de tu vida– y a rememorarlas en cualquier momento y cuando tú decidas con tan solo abrirlo y releer alguna de sus páginas.

Busca las oportunidades en cada desafío

«Un optimista ve una oportunidad en toda calamidad, un pesimista ve una calamidad en toda oportunidad.»

— Winston Churchill

Lo queramos o no, cada día nos enfrentamos a muchos y muy diferentes tipos de desafíos. Es algo inevitable y que no está en nuestra mano decidir. Todos tenemos nuestros propios obstáculos que se interponen en nuestro camino hacia el éxito. Debemos asumir que siempre habrá retos en nuestra vida. La cuestión es cómo decidimos afrontarlos. Podemos quedarnos quietos, quejándonos de lo injusto de la situación o podemos aprovecharlos en nuestro favor, buscando las oportunidades escondidas en cada desafío.

Todas las personas de éxito tuvieron que enfrentarse en su día sus propios desafíos. Steve Jobs fue despedido de su empresa antes de volver más tarde como director general, llevando a Apple convertirse en la empresa más cotizada del mundo. Imagínate lo difícil que debe de ser que te despidan de tu propia empresa. O el mismísimo Walt Disney, a quien echaron del diario local *Kansas City Star* porque, según su editor «le faltaba imaginación y no tenía buenas ideas». Pero ni a Steve ni a Walt estos desafíos les impidieron alcanzar el éxito. Todo lo contrario. Los motivaron a intentarlo todavía con más fuerza.

Se dice que cuanto mayor es el desafío, mayor es el éxito o la recompensa que nos aguarda.

Pero la clave para que esto ocurra, para que nuestros retos del día a día nos ayuden a superarnos en lugar atraparnos en un círculo vicioso de negatividad, es estar agradecido. Cuando nos quejamos estamos nublando la mente con todo tipo de problemas. Esto hace que resulte difícil ver la situación con perspectiva y, menos aún, usarla en nuestro beneficio. La gratitud, sin embargo, despeja nuestra mente. Se deshace de los pensamientos negativos y nos muestra el camino directo hacía la solución. De este modo, podremos tener una mejor perspectiva de los retos a los que nos enfrentamos y nos serán más fácil encontrar las oportunidades que se esconden tras ellos.

Por supuesto, es más fácil de decirlo que de hacerlo. Se necesita mucho valor, resiliencia y determinación. Pero, sin duda, puedes hacerlo. Y te aseguro que merece la pena. Lo único que necesitas es un poco de orientación, y para eso estoy yo aquí. En este capítulo te enseñaré qué necesitas para conseguir este cambio de mentalidad y cómo puedes empezar a convertir tus retos en oportunidades.

Empieza con un cambio de mentalidad.

Recuerda, la gratitud empieza en tu mente. No quiero ser pesado, pero es esencial que lo tengas presente mientras lees este capítulo. Por tanto, lo primero que necesitas para poder ver las oportunidades que se esconden detrás de cada desafío es llevar a cabo un cambio de mentalidad.

Un cambio de mentalidad implica que vas a tener que reconfigurar o resetear tu mente. Y esto es algo que requiere trabajo, pues implica cambiar un o varios aspectos de tu personalidad que han formado parte de ti durante mucho tiempo. Así que, no esperes que suceda de la noche a la mañana. No te fustigues si no lo consigues a la primera. El truco está en tomarse las cosas con calma y ser perseverante.

Una vez entendido esto, ¿qué cambios de mentalidad necesitas implementar?

El primero, y más obvio, es **cambiar tu actitud de pesimista a optimista**.

Con esto, no quiero decir que te conviertas en un iluso. Únicamente debes empezar a esforzarte por ver el lado bueno de las cosas.

Las personas pesimistas piensan que los malos acontecimientos son permanentes, así como los momentos positivos son fortuitos. Este tipo de personas siente que no tiene ningún poder para cambiar las cosas.

Por el contrario, las personas optimistas piensan que los malos acontecimientos son algo pasajero. Asumen la responsabilidad para lograr que las cosas buenas sucedan. Y son capaces de convertir una mala racha en una oportunidad de crecimiento.

El segundo cambio de mentalidad que debes poner en práctica es **sustituir la parálisis por la toma de acción**.

Debemos tener el coraje de enfrentar nuestros miedos ante nuevos desafíos. Estos miedos se reflejan en diferentes y muy variadas excusas que utilizamos para quedarnos en nuestra zona de confort. Pensamos, de forma consciente o inconsciente que, si nos quedamos quietos, si no hacemos nada, no correremos el riesgo de fracasar. Y así, sin hacer ni intentar absolutamente nada van pasando los años y es solo en nuestro lecho de muerte cuando nos arrepentimos de todas aquellas cosas que no llegamos a intentar por miedo. Un miedo que solo está en nuestra mente y que, al igual que el sesgo de negatividad, es solo un vestigio evolutivo que ha dejado de tener utilidad en el mundo moderno.

Nunca olvides que el único fracaso es no intentarlo.

Por último, debes **evitar que tu mente viva en el pasado o en el futuro y se centre en el presente**.

El exceso de pasado (melancolía) limita a la persona, ata las alas que le permitirían volar y nubla su visión ante nuevas posibilidades, ubicándolo en una posición de víctima ante la vida, donde no está implicado en su acontecer; a esa persona solo le «suceden» cosas y «no puede» dar una respuesta ante ello. El exceso de pasado no es otra cosa que una existencia mal lograda.

Por otro lado, están aquellos que viven con un exceso de futuro (ansiedad), aquellos para quienes el reloj solo marca el mañana y sufren hoy lo que aún no es «real». El exceso de futuro no es otra cosa que el deseo obstinado de darle certeza a lo incierto.

Vivir en el presente (paz) no solo significa dejar de pensar en el pasado o el futuro, sino también aprender a disfrutar del aquí y ahora, siendo plenamente conscientes. Cuando prestamos atención en los detalles, aprendemos a disfrutar de cada momento, nos implicamos en cuerpo y alma en todo lo que hacemos e incluso cambiamos nuestra percepción del mundo que nos rodea.

El objetivo no debe ser estar en el presente esperando estar bien. El objetivo debe ser estar en el presente para descubrir, para entender la realidad. Ese comprender la realidad es lo que te llevará a estar cada vez mejor, y a afrontar los retos de la vida con mayor sabiduría y serenidad.

Que aparezcan desafíos en nuestra vida es algo inevitable. No puedes hacer nada al respecto. Lo que sí puedes hacer es cambiar la mentalidad con la que decides afrontar estos contratiempos que tarde o temprano aparecerán; unas veces en forma de pequeños percances, otras como acontecimientos devastadores capaces de arrasar con todo. Si quieres estar preparado, empieza tu cambio de mentalidad hoy mismo.

Cómo convertir los problemas en oportunidades.

Ahora que ya sabes que para aprovechar el poder la gratitud es esencial que aprendas a ver las oportunidades que se presentan en cada desafío, vamos a ver cinco pasos sencillos y probados para que puedas lograrlo con el mínimo esfuerzo.

1. Anticípate.

Una característica de las oportunidades es que siempre aparecen cuando menos te lo esperas. Esta cualidad, por sí sola, ya resulta todo un desafío, pues suele dejarnos con muy poco margen de maniobra. Si la próxima vez que aparezca una oportunidad quieres estar preparado, debes anticiparte. La mejor manera de hacerlo es esperar que los problemas surjan. No me malinterpretes. Esto no significa que ahora te esté pidiendo que te vuelvas un pesimista. Para nada. Lo que quiero decir es que debes esperar que los problemas surjan, sí, pero con la mentalidad de que los superarás.

Otra forma de estar preparado ante las nuevas oportunidades es malpensar por adelantado. ¿A qué me refiero? Antes de empezar un nuevo proyecto o lanzarte a por tu próximo objetivo, haz una lluvia de ideas de los posibles problemas que podrían surgir. Piensa en los peores escenarios y escribe la mejor solución para cada uno de ellos. De este modo, irás un paso por delante y cuando los problemas lleguen, solo los verás como pequeños contratiempos.

2. Asume riesgos significativos.

La vida está llena de riesgos y escondidos tras ellos podemos encontrar innumerables oportunidades. Casi todas las oportunidades conllevan riesgos, el truco está en tratar asumir tan solo aquellos que resulten significativos. Me gusta llamarlos así porque, incluso en el caso de que no nos lleven a conseguir aquello que deseamos, nos enseñan importantes lecciones. Así que, no tengas miedo a solicitar ese aumento de sueldo que sabes que te mereces, a invitar a cenar al chico o chica que te tanto te gusta o a empezar ese proyecto al que ya llevas tiempo dándole vueltas. Las personas con éxito se arriesgan. Si quieres estar entre ellos, debes hacer lo mismo.

¡Ojo! Esto no es un llamamiento a la irresponsabilidad. Conducir a 200 km/h para llegar a una reunión de trabajo con la «excusa» de que tu ascenso depende de ello, no es un riesgo significativo, es una temeridad. Hay una gran diferencia entre aprovechar una oportunidad y ser imprudente. Mientras que lo primero te ayuda a triunfar, lo segundo puede acarrearte consecuencias irreparables.

3. Ve los fracasos como oportunidades de aprendizaje.

Charles Dickens decía: «Cada fracaso enseña al hombre algo que necesitaba aprender.»

El propósito del fracaso es ayudarnos a crecer, aprender, y fortalecernos para convertirnos en la persona merecedora de nuestro sueño, es decir: el fracaso es parte integral del éxito.

El fracaso es uno de los indispensables pasos que se debemos dar cuando avanzamos por el camino hacia el éxito. Cuando intentamos algo y no resulta, se nos presenta la oportunidad de aprender y fortalecernos antes de dar el siguiente paso. La vida trata de ir avanzando paso a paso hacia nuestros sueños, y parte de ese camino es ir adquiriendo las herramientas que se necesitan para lograrlo.

La próxima vez que notes que el sentimiento de fracaso se apodera de ti, sigues estos pasos:

a. Acepta la responsabilidad por las cosas que suceden en tu vida. En tus manos está la posibilidad de modificarlas la próxima vez.

b. No te culpes, recuerda que el fracaso no dice nada malo de ti, es solo un paso más en tu camino de crecimiento que te llevará a alcanzar tus metas.

c. Piensa en formas alternativas de alcanzar tus objetivos, define nuevas estrategias y traza un plan para conseguirlos.

d. Por último, no sientas vergüenza de pedir ayuda. A veces olvidamos que tenemos personas a nuestro alrededor que nos quieren y que están dispuestas a ayudarnos.

4. Céntrate en las cosas que puedes controlar, acepta las que no puedes.

«Dios, concédeme la serenidad para aceptar lo que no puedo cambiar, valor para cambiar las cosas que puedo cambiar y sabiduría para reconocer la diferencia» – Reinhold Niebuhr.

Esta Plegaria de la Serenidad, también conocida como Oración de la Serenidad ya aparecía en manuscritos budistas del siglo VIII, así como en la filosofía judía del siglo XI. Aunque la versión más antigua es la del filósofo estoico Epicteto.

Epicteto decía que somos responsables de determinadas cosas, pero que hay otras de las que no se nos puede hacer responsables. Si realmente comprendes la diferencia entre lo que está y lo que no está bajo tu control, y actúas de manera acorde, serás psicológicamente invencible, e inmune a los vaivenes de la fortuna.

Por supuesto, es mucho más fácil de decir que de hacer, pero puedo asegurarte que funciona.

Pongamos por ejemplo que estás preparando tu currículo para un posible ascenso en el trabajo. Si tu meta es conseguir esa promoción, podrías llevarte un chasco. No hay garantía de que lo consigas, porque el resultado no está (enteramente) bajo tu control. Aunque es cierto que puedes influir en él, también depende de una serie de variables ajenas a tu esfuerzo. Por eso tu objetivo debería ser interno: si adoptas el pensamiento estoico, podrías elaborar conscientemente el mejor currículo posible, y después prepararte mentalmente para aceptar cualquier resultado con serenidad, sabiendo que a veces «el universo» estará a tu favor, y otras no.

Así que, la próxima vez que estés ante algo que no te guste, pregúntate: ¿Lo puedo cambiar? Si la respuesta es no, trata de aceptarlo lo antes posible y sigue adelante con tu vida; si la respuesta es sí, toma cartas en el asunto y cámbialo; y en cualquiera de los casos, disfrútalo.

5. Busca siempre las oportunidades.

¿Alguna vez te has fijado en que cuando algo nuevo despierta tu interés –como, por ejemplo, ese coche nuevo que estás pensando en comprarte–, empiezas a verlo por todas partes? No es que cientos de nuevos coches se hayan materializado de la noche a la mañana y hayan sido colocados estratégicamente en tu itinerario habitual para que tú puedas verlos. Esos coches ya estaban ahí desde hace tiempo, simplemente no te habías percatado porque tu foco estaba en otra parte. Esto también se aplica a las oportunidades. De esta forma, si te centras demasiado en los problemas, eso es lo único que encontrarás. Por el contrario, si estás atento a las nuevas oportunidades, descubrirás que están por todos lados. En realidad, siempre habían estado ahí, es solo que no estabas preparado para verlas.

Resumen del capítulo

Todos nos enfrentamos a muchos y muy diversos problemas y desafíos en nuestro día a día. Sin embargo, mientras que unas personas se regocijan en ellos, otras los aprovechan en su favor. Al primer grupo pertenecen aquellas personas que se quedan quietas y únicamente se quejan de su situación, como si no tuviesen ninguna responsabilidad sobre esta, y al segundo grupo pertenecen aquellas personas que toman responsabilidad de todo aquello que les ocurre y buscan las oportunidades ocultas tras cada reto que la vida les presenta.

Centrarse en las oportunidades en lugar de en los problemas es otra forma de aprovechar el poder de la gratitud. Esta mentalidad te ayuda a ver el lado bueno de cada situación, permitiéndote vislumbrar con mayor claridad el camino para alcanzar tus sueños y objetivos. Sin embargo, esto no es algo que resulte fácil. Se debe comenzar con un cambio de mentalidad: trasformando nuestra actitud pesimista en optimista; sustituyendo la parálisis por el miedo al fracaso por la toma de acción; y evitando que nuestra mente viva constantemente en el pasado o en el futuro y se centre en el presente.

Deja de compararte con los demás

«La vida de los demás parece mejor que la tuya porque estás comparando sus cortes del director con tu detrás de las cámaras.»

— Evan Rauch

¿Alguna vez te has sentido insignificante al compararte con las personas de tu alrededor? Todos se muestran tan felices y exitosos que tus logros se ven minúsculos a su lado. Lo gracioso es que, muy probablemente, ellos también estén comparándose contigo en secreto. Así, ambos quedáis atrapados en un juego de comparación silenciosa mientras os torturáis mutuamente al pensar cómo la otra persona es mejor que uno mismo. Es una de las grandes ironías de la vida.

Por experiencia he aprendido que tu posición actual, sea cual sea, es el sueño de otra persona. Te miran y piensan: «si solo tuviera su trabajo, su casa, su pareja, su pelo… todo sería perfecto». Solo este hecho ya me parece razón suficiente para replantearte las cosas. Pero, sin duda, el mayor motivo para dejar de compararte con otras personas es que hace que te sientas miserable y dejes de apreciar las cosas buenas de tu vida. Recuerda que nada dura para siempre. No pierdas la oportunidad de agradecer AHORA por todas aquellas cosas y personas que hay en tu vida por culpa de estar distraído con estúpidas comparaciones. No cometas el error de esperar a haberlas perdido para empezar a valorarlas.

Compararte con los demás, intentando ser otra persona, es un juego perdido de antemano. Solo existe un tú en el universo, y esto se aplica al resto de personas. Simplemente no es posible, y si te empeñas en luchar contra ello acabará pasándote factura.

Por supuesto, compararse con los demás, de una forma sana, puede tener sus ventajas. Ver que otra persona ha conseguido aquellos objetivos que tú intentas alcanzar, y que a día de hoy te parecen inalcanzables, puede ser una gran fuente de motivación. «Si él ha podido, yo también puedo». El tener a un modelo a seguir puede ayudarte a llegar antes a tu meta, pues te da un camino claro hacía el éxito, que incluye: los pasos a seguir, el enfoque que debes utilizar al aplicar dichos pasos y, lo más importante, los errores a evitar.

Pero mucho ojo. No confundas compararte con tu modelo a seguir, —esa persona que ha recorrido el camino que tú quieres recorrer y que ha alcanzado los objetivos que tú anhelas para ti—, con compararte con todas y cada una de las personas que se cruzan en tu camino. Esto, como ya he dicho, no tiene ningún beneficio. Todo lo contrario. Es uno de los hábitos más tóxicos y destructivos que existen.

Razones para dejar de compararte con los demás.

Seguro que incluso sin que yo diga nada, eres capaz de encontrar un motón de razones para dejar de compararte con los demás. Tan solo la baja autoestima y la incapacidad para ver las cosas buenas de la vida, que ya he comentado, son dos razones de peso para acabar con este hábito nocivo. Pero, por si todavía no estás del todo convencido, aquí te dejo unas cuantas más.

1. Nunca vemos la imagen completa.

Si echas un vistazo a tus redes sociales observarás que todo el mundo parece estar viviendo una vida perfecta e increíblemente glamurosa. Viajes, eventos, barcos, playas de arena blanca, botellas de Moët derramadas por encima de la cabeza, ... Pues bien, no es verdad. O al menos, no es toda la verdad.

Es completamente normal que cuando compartimos algo en nuestras redes sociales mostremos la mejor parte de nuestras vidas: las fotos en las que salimos más guapos y no aquellas en la que tenemos un ojo medio cerrado; los escasos momentos de ocio y diversión en lugar de las cuarenta y tantas horas semanales trabajando en un pequeño zulo; nuestros logros y no nuestros tropiezos, etc.

Todos mostramos nuestra mejor versión. Esto no tiene nada de malo. Lo preocupante, y que debes tener muy presente antes de compararte con nadie, es que existen cada vez más personas que, seguramente con el único objetivo de llenar un vacío interior, comparten momentos que nunca existieron. Se inventan una realidad paralela en sus redes sociales.

Antes, solo los vendedores de Herbalife (o el multinivel de turno) eran capaces de gastarse sus ahorros del mes para alquilar un Lamborghini o una mansión frente al mar, hacerse una foto y convencerte de que estaban viviendo una vida maravillosa y llena de lujos que habían conseguido a base de vender batidos de proteínas. Hoy lo hacen cada vez más personas. Y no para venderte nada, sino únicamente para conseguir un puñado de «likes».

Somos expertos en maquillar la realidad. Especialmente cuando no nos gusta la realidad que estamos viviendo.

Por si esto no fuese suficiente, piensa que nunca sabemos por lo que está pasando la otra persona. Puede que a pesar de mostrarse exitoso y sonriente en todo momento, tenga a su padre enfermo en el hospital, que haya perdido su trabajo o que su pareja acabe de dejarlo. Así que, mucho cuidado con desear ser otra persona, porque es muy posible que esa otra persona daría lo que fuese por poder cambiarse por ti.

2. Destruye tu creatividad.

Cuando te centras continuamente en los demás, empiezas a hacer las cosas como ellos. Puede que dejes de vestir a tu manera y empieces a comprarte la misma ropa que lleva ese influencer de Instagram al que tan bien le va o que desheches esa idea de negocio que lleva tiempo rondándote la cabeza para invertir tus ahorros en Bitcoin, que es como todos tus amigos han ganado una pasta.

Esto tiene dos partes tristes.

La primera, como ya he comentado en el punto anterior, es que **no dispones de toda la información**. Puede que el influencer a la que sigues únicamente lleve la ropa que ves porque le han pagado por hacerlo. También puede que tus amigos que «se han forrado con los Bitcoins» invirtiesen hace ya mucho tiempo –cuando era buen momento para hacerlo–, que lo hiciesen con un dinero que no necesitaban –y no pidiendo un préstamo, como estás pensando en hacer tú– o que solo te hablen de las subidas –y se olviden de que, con las bajadas, en realidad están igual o peor que al principio–.

La segunda es que **detiene tu capacidad creativa** y de análisis. Puede que tengas un estilo único vistiendo, pero nunca llegues a saberlo por querer ser como otra persona. Puede que tengas una idea de negocio rompedora, pero decides dejarla aparcada para hacer lo mismo que hacen los demás e ir a lo «seguro». Más triste si cabe es que puede que otra persona acabe desarrollando «tu idea» y haciéndola triunfar. Y no es que te hayan robado la idea. Cualquier idea que tengas, seguro que ya se le ha ocurrido antes a otra persona. La diferencia entre los que triunfan y los que no, es que los primeros se atreven a llevar sus ideas a cabo, haciendo uso de su creatividad y olvidándose de estúpidas comparaciones.

Si has sido bendecido con el don creatividad, por favor, no lo desperdicies por culpa de autocomparaciones inútiles.

3. Desperdicio de tiempo y energía.

Las comparaciones son automáticas, pero esto no quiere decir que no nos quiten tiempo, más bien al contrario. Cuando caemos en ellas podemos estar dándoles vueltas una y otra vez, profundizando en nuestros «defectos», que siempre son subjetivos. Puede darse el caso de que también busquemos esos mismos defectos en los demás, con la esperanza de que la otra persona tenga el mismo problema o, mejor todavía, que esté aún peor que nosotros.

Sea al alza o a la baja, la comparación solo nos hace perder tiempo. Un tiempo que podríamos invertir en mejorar una cualidad deseada o, simplemente, aprovecharlo para tener una vida más placentera.

¿Cuánto tiempo has desperdiciado intentando ponerte a la altura de otra persona, o de un ideal creado para vendernos un producto? ¿Cuánto bien podrías haber hecho con ese tiempo? ¿A cuántas personas has dejado de ayudar?

Comparándonos con los demás no conseguimos nada, pero perdemos para siempre los valiosos minutos que dedicamos a ello. Y esos minutos se convierten en horas, que se convierten en días que, a la larga, se convierten en años.

4. Pones un peso innecesario sobre ti mismo.

Como mortal que eres, estoy seguro de que ahora mismo ya tienes decenas o cientos de asuntos que requieren de una gran cantidad de tu tiempo: puede que estés luchando por ascender en tu trabajo –o simplemente por conseguir uno–, que pelees por sacar a adelante a tus hijos, que tengas un familiar enfermo del que cuidar, ... En definitiva, asuntos más que suficientes para mantenerte ocupado en esta vida y en la siguiente. ¿Por qué empeñarte en poner más presión sobre ti mismo añadiendo la autocomparación a la ecuación? Intentar ser como otra persona es como tratar de vaciar el mar a cucharadas. Una tarea imposible a la vez que innecesaria.

La vida ya se encargará por sí sola de mantenerte ocupado con infinidad de desafíos que superar día a día, unos más gratos y otros menos. No te obceques en complicarte, aún más, la existencia.

5. Te hace perder de vista tus logros.

Por último, una razón muy importante para dejar de compararte con los demás, es que te hace ignorar tus propios logros. Si no dejas de compararte con los demás, da igual todo lo que llegues a conseguir en tu vida, sea lo que sea, siempre te parecerá insuficiente.

En una conferencia de Tony Robbins que se celebró hace unos años en Las Vegas, Tony preguntó a uno de los asistentes que se encontraban sentados en primera fila (unos asientos que costaban más de $5.000) si estaba satisfecho con su vida. Este asistente, que era un conocido deportista estadounidense con una brillante carrera, un físico de Dios de Olimpo y una familia de portada de revista, sorprendió a todo el auditorio cuando rotundamente exclamó: «No, no estoy nada satisfecho».

Todos, incluido Tony Robbins, se quedaron perplejos.

Al preguntarle los motivos concretos de esta insatisfacción, resultó que los tenía perfectamente pensados y organizados en su cabeza. Este famoso deportista estaba furioso porque «solo» ganaba 9 millones de dólares al año cuando todos sus compañeros ganaban más de 10 millones. A pesar de haber salido en decenas de portadas de revista, estaba disgustado con su físico porque tenía un 12% de grasa corporal, cuando «lo ideal» es tener menos del 11%. Y, por último, reconoció estar frustrado porque siempre soñó con tener familia numerosa y a sus 37 años únicamente había tenido dos cuando sus padres tuvieron tres chicos y dos chicas.

Seguro que te parece que esta persona no está bien de la cabeza, ¿verdad?

Pues recuerda que eso mismo es lo que siente alguien que lleva años buscando trabajo cuando te oye quejarte del tuyo; cuando una pareja que no puede tener hijos ve cómo te quejas día sí y día también porque tus hijos no son todo lo perfectos que te gustaría; o como cuando alguien que acaba de perder a su madre tiene que escucharte protestar de que la tuya te llame todos los días para preguntarte cómo estás.

Si no eres capaz de estar agradecido por aquello que tienes y por todo lo que has conseguido hasta ahora, nunca podrás disfrutar del resto de éxitos que lleguen a tu vida.

Pasos para una vida plena.

Ahora que ya sabes lo destructivo que puede resultar compararte con los demás, necesitas encontrar la forma de luchar contra esta mala «costumbre». El acto de compararnos con otras personas es algo inevitable y, en sí mismo, no tiene nada de malo. Reconocer que otras personas es más atractiva, más lista o más rica que uno mismo no es algo negativo. Sentirnos miserables por ello, sí lo es. Para liberarnos de este estado de angustia permanente que nos paraliza y nos mata poco a poco por dentro necesitamos encontrar un revulsivo lo suficientemente potente. Y no se me ocurre mejor revulsivo que **vivir una vida plena**.

Y el primer paso para vivir una vida plena es entender que esta no tiene nada que ver con ser rico o famoso. Como dijo Jim Carrey: «Todo el mundo debería ser rico y famoso en algún momento de su vida para así darse cuenta de que esta no es la respuesta». Una vida plena se define por tu nivel de felicidad y tu estado de ánimo. Así de simple. Seguro que conoces a más de una persona que parece tenerlo todo y sin embargo es inmensamente infeliz. De la misma manera que apuesto a que podrías mencionar al alguien que no tiene nada y derrocha alegría allá donde va. ¿Cómo lo hacen? ¿Qué pasos debes dar si tú también quieres vivir una vida plena?

1. Encuentra el origen de ese comportamiento comparativo.

El primer paso para deshacerse de la autocomparación es encontrar su origen. Si te descubres comparando continuamente los mismos aspectos de ti mismo con los demás, posiblemente sea porque esa parte de ti te genera inseguridad. Así que, averigua cuál es el origen este comportamiento. ¿Te parece que no eres lo suficientemente alto? ¿No estás del todo satisfecho con tus habilidades sociales? Trabaja en ello. Sí, seguramente no puedas aumentar tu estatura, pero puedes cultivar otras habilidades que te permitan deshacerte de esa inseguridad.

2. Haz una desintoxicación de tus redes sociales.

En lo que a autocomparación se refiere, las redes sociales, sin duda, han hecho más mal que bien. En primer lugar, porque han creado estándares poco o nada realistas, que muchas personas luchan, inútilmente, por alcanzar. Y, en segundo lugar, porque han hecho que sea más difícil si cabe (la televisión tampoco ha ayudado nunca) que las personas puedan centrarse en sus vidas y no en la de los demás. Si sientes que estás en alguna de estas dos situaciones, es hora de desintoxicarte. Puedes tomar el camino drástico e irte a vivir en medio del monte (donde no llegue internet, claro está), optar por una alternativa menos radical y hacer una escapada rural de unos cuantos días o simplemente instalarte una app que controle el tiempo que dedicas a tus redes sociales favoritas.

3. Trabaja en ti mismo.

Tras desintoxicarte de las redes sociales, el siguiente paso es enfocarse en mejorar uno mismo. ¿Ya has pensado en que vas gastar todo el tiempo que acabas de ganar para ti? ¿Qué te parece si te centras mejorar tus habilidades personales y/o profesionales? No te precipites y te apuntes a clases de salsa y bachata a la primera de cambio. Tienes tiempo. Párate a pensar qué cualidades son aquellas que más necesitas mejorar. ¿Cuáles tienen el mayor potencial convertirte en la mejor versión de ti mismo? Puede que, efectivamente, una actividad física como apuntarte a baile o ir al gimnasio sea la que, en tu caso particular, te proporcione más satisfacciones y crecimiento personal. O es posible que formarte en marketing digital te ayude a ascender en tu puesto de trabajo. ¿Y si empiezas ese libro que siempre has querido escribir? Las posibilidades son ilimitadas. Elige sabiamente.

4. Entiende que nadie es perfecto, ni siquiera tú.

Debes tener presente que cuando des el paso y empieces a trabajar en ti mismo, puede que no todo salga bien a la primera. Sin duda cometerás errores y tendrás tropiezos de vez en cuando, el truco está en recordar que nadie es perfecto. Todas las personas que han alcanzado éxitos significativos en su vida han cometido errores. Muchos. Te lo aseguro. Así que, por favor, la próxima vez que te sientas desanimado o hundido porque has cometido algún error, recuerda que «el obstáculo es el camino».

Resumen del capítulo

Solo existe un tú en el mundo, y lo mismo se aplica al resto de personas. Compararte con los demás es un juego perdido de antemano, con el que solo desperdiciarás tu tiempo y energía, impedirá que veas tus propios logros y acabará destruyendo tu autoestima por completo.

El mejor antídoto contra este hábito de autocomparación destructiva es vivir una vida plena. Para ello, lo primero que debes hacer es averiguar el origen de este comportamiento y, seguidamente, quitar el foco de los demás para ponerlo sobre ti mismo, trabajando aquellas cualidades con mayor potencial de convertirte en tu mejor versión.

PASO 5

Cuida tus relaciones

«Seamos agradecidos con las personas que nos hacen felices, pues ellos son los jardineros que hacen florecer nuestra alma.»

— Marcel Proust

Según las investigaciones, mantener unas buenas relaciones interpersonales es uno de los ingredientes más importantes para nuestra salud y nuestra felicidad. Los seres humanos somos seres sociales por naturaleza. Nacemos en un estado más inmaduro que cualquier otro mamífero, lo cual exige que necesitemos de los demás para poder sobrevivir. Esto no quiere decir que no podamos ser independientes, pero es importante entender que no se puede conseguir todo por uno mismo. Este es un secreto que muchas personas de éxito conocen, han sabido aprovechar y ahora están cosechando sus frutos. Por tanto, es esencial que cultivemos nuestras relaciones con los demás. Hay muchas maneras de hacerlo, pero sin duda la más relevante es la gratitud.

La mayoría de la gente piensa que sólo tiene que estar agradecida por lo que recibe de los demás. Por el contrario, debemos estar agradecidos por las personas que tenemos en nuestra vida. Tus relaciones actuales han desempeñado un papel muy importante en la construcción de la persona que eres a día de hoy. Piensa en tu vida antes de conocer a esa persona que se cruzó en tu camino y en lo maravillosa que es ahora. Te darás cuenta de que es algo que merece la pena agradecer.

La gratitud es también el principal factor que separa una relación sana de una tóxica. Debes entender que las únicas relaciones que merecen la pena cultivar son las relaciones sanas. ¿Cómo puedes distinguir entre una relación sana y una tóxica? Es muy sencillo. Una relación sana está llena de amor genuino, cuidado y respeto. Cuando tengas una relación sana con tus amigos, tu familia o tu pareja, te darás cuenta de que te convierten en una mejor versión de ti mismo. Por el contrario, una relación tóxica está llena de abusos y faltas de respeto disfrazados de amor. Este no es el tipo de relaciones que debes alimentar.

En otras palabras, una de las claves para practicar la gratitud y obtener sus máximos beneficios es cuidar y cultivar aquellas relaciones sanas y significativas que tenemos en nuestra vida. Una vez que pongas esto en práctica, tu vida experimentará un cambio formidable.

6 elementos esenciales en una relación sana.

Una relación saludable puede aportar grandes beneficios a tu vida y a la de tu pareja, amigos y familia. Sin embargo, lograr una relación exitosa no es algo sencillo. Por suerte, existen algunos elementos que te ayudarán a cosechar este tipo de relaciones con quienes te rodean.

1. Toma responsabilidad de tu propia felicidad.

El primer paso para crear una relación saludable es hacerte cargo de tu propia felicidad. Siempre debes recordar que nadie debería tener tanto poder como para determinar si eres feliz o infeliz.

Una vida feliz depende de varios factores: tus pasatiempos, tus gustos, tus actividades, tu alimentación, tus sueños, tus objetivos, ... Todo esto te dará equilibrio y te hará sentir completamente satisfecho.

Depender por completo de otra persona puede ser un camino hacia la infelicidad y el desastre emocional. Ni un amigo ni tu familia ni una pareja debe tener tanto poder sobre ti.

2. Establece y respeta tus límites.

Una persona emocionalmente sana tiene límites y los respeta. Cuando estas personas entran en una relación saludable, lo primero que hacen es dar a conocer y respetar esos límites.

Tener claro los límites que quieres que los demás respeten es crucial, pues cuando permites que una nueva relación influya sobre estos, puede aparecer emociones negativas como frustración y desesperación. Por eso es importante que hables con tus amigos, familia y pareja para que todos conozcan y respeten tus límites, y tú los suyos.

En definitiva, las relaciones en las que no se respetan los límites suelen resultar dañinas, agotadoras y sumamente dolorosas.

3. Acepta y respeta los desacuerdos.

Pensar que una relación saludable está completamente libre de molestias, enojos y desacuerdos es un error. Más bien, es todo lo contrario. En efecto, los desacuerdos son algo completamente natural y sano que hará evolucionar y mejorar todas tus relaciones interpersonales.

Cada uno de nosotros tiene sus particularidades, por lo que encontrar diferencias con los demás es lo más normal. Por tanto, si quieres crear relaciones saludables, debes aprender a respetar toda creencia o diferencia, ya sea sobre religión, política, estilo de vida o cualquier otro tema.

Lo importante en el momento de encontrar desacuerdos es saber cuándo una discusión tiene sentido y cuándo es mejor no darle demasiada importancia.

Cuando te encuentres en una situación que realmente merece la pena, tómate el tempo necesario para dialogar y tratar de solucionarlo. Es importante iniciar la conversación con la mente abierta para escuchar el otro punto de vista. Tal vez no logres estar de acuerdo en todo con la otra persona, pero sí debes aceptar y respetar sus ideas.

Lo más importante es evitar forzar la opinión de lo demás para que coincida con la tuya.

4. Comprométete.

Cuando se trata de relaciones interpersonales, debes tener claro que no puedes controlar a la otra persona, por lo que comprometerte resulta fundamental. Así, cuando te comprometes con tus amigos, familia o pareja, les ofreces tu tiempo y tu atención.

Esto significa que deberás dar apoyo a tus seres queridos cuando lo necesiten, y tú recibirás lo mismo.

Todos pasamos por momentos muy felices y otros muy negativos. Por eso, es muy importante que ambos sean compartidos y respetados. Piensa que, cuanto más compartas con tus seres queridos, más fuertes y sólidas serán esas relaciones.

5. Sé siempre honesto.

Mentir es tóxico. Todos lo sabemos. La única forma en que puedes lograr una relación saludable es obligándote a ser honesto en todo momento.

Es cierto que hay momentos en los que decir la verdad puede resultar doloroso o difícil pero, a la larga, es el mejor camino. Cuando hablas de forma honesta y sincera con la otra persona fomentas un vínculo basado en la seguridad y el respeto.

6. Dedícate tiempo a ti mismo.

Para tener una relación saludable es importante que te concedas tiempo para ti. Para cuidarte, para escucharte, para entenderte. Por eso, al menos una vez a la semana debes darte tiempo para hacer algo que ames o te resulte apasionante.

Al pasar tiempo a solas, te das la oportunidad de conocerte mejor. De hecho, mantener un sentido de la individualidad es imprescindible para que todas tus relaciones se mantengan sanas y equilibradas.

Hay quienes piensan que pasar tiempo a solas es un signo de infelicidad, pero esto no es cierto. En realidad, es parte fundamental para descubrir y modelar tu identidad.

Beneficios de las relaciones sanas.

A lo largo de nuestra vida, tanto el número como la fuerza de nuestras relaciones van a tener un enorme peso en nuestro bienestar físico y mental. Podemos afirmar sin ningún género de duda que las buenas relaciones nos ayudan a vivir más y mejor.

¿Te gustaría conocer qué **beneficios concretos** nos aportan unas relaciones interpersonales sanas? Aquí te dejo unos cuantos ejemplos:

- Reduce el riesgo de padecer enfermedades neurodegenerativas. Aquellas personas que tienen contactos sociales frecuentes y satisfactorios tienen menos riesgo de sufrir demencia o Alzhéimer.

- Reduce el estrés. Preocuparse, cuidar de los demás y sentirse parte de un grupo libera hormonas que nos ayudan a reducir el estrés.
- Nos hace más felices. La depresión está directamente asociada con la ausencia de amigos.
- Retrasa el envejecimiento. Las relaciones sociales retrasan el envejecimiento de las funciones cognitivas hasta en un 75%. Como es el caso de la memoria, la velocidad de percepción, la capacidad visoespacial, etc.
- Alargan la vida. Las relaciones de amor o amistad o el hecho de estar conectados a alguien, reducen el riesgo de fallecer en un 22%.
- Facilita la resolución de problemas. Hablar con otras personas nos ayuda a mejorar nuestra capacidad intelectual, así como a ser más resolutivos.
- Mejora la función ejecutiva del cerebro. Las amistades ayudan a las habilidades cognitivas

que permiten anticipar y establecer metas, elaborar planes y programas, iniciar actividades mentales y efectuarlas eficientemente.

- Previene el sobrepeso. La socialización actúa como sustituto de la comida y evita el abuso de alimentos que potencian el sobrepeso.
- Menor riesgo de enfermedades cardiovasculares. Numerosos estudios confirman que las personas que tienen amistades de confianza reducen el riesgo de padecer enfermedades del corazón hasta en un 85%.

¿Cómo mejorar nuestras relaciones?

En ocasiones puede sucedernos que estemos tan centrados en nuestras relaciones actuales que nos olvidemos de conocer gente nueva. O al contrario, que nos obsesionemos con la idea de ampliar nuestro círculo de amistades y descuidemos a nuestros amigos de siempre. Es importante que pienses en el tipo de relaciones que te gustaría trabajar, puedes fortalecer tus actuales o antiguas amistades o, por el contrario, expandir tu círculo de amigos y conocidos.

Para reforzar tus actuales o antiguas relaciones, en la mayoría de las ocasiones bastará con llamarles o escribirles. En esta ocasión las redes sociales pueden sernos de gran ayuda. ¡Ojo! No vale con dar un simple «like» a la última foto que haya subido en Instagram. Piensa en vuestros intereses comunes y proponle un plan que os permita compartir algo de tiempo juntos. Yo siempre estoy disponible para un café o una cerveza.

Por otro lado, si lo que buscas es conocer gente nueva, puede probar con algo tan sencillo como iniciar una conversación con alguna de las muchas personas con las que «te cruzas» todos los días. Puede ser en el trabajo, en clase, en el gimnasio. Seguro que te viene a la mente más de una persona que alguna vez hayas pensado «qué maja debe de ser». Si eres extrovertido, lo tienes hecho.

Si eres más bien introvertido, como yo, siempre puedes unirte a algún grupo con el que compartas intereses comunes. Te recomiendo la aplicación Meetup. Si no la conocías todavía, échale un ojo. Para mí fue todo un descubrimiento. Tan solo asegúrate de que el grupo al que decidas apuntarte no quiera venderte nada ;)

Como ves, estrategias hay muchas. Tan solo debes elegir la que más encaje contigo y con tus inquietudes. La idea es que compartas tiempo, experiencias e intereses con otras personas. Poco a poco formarás un grupo de personas que se preocupan por ti, y tú por ellas.

Recuerda, ser feliz requiere algo de esfuerzo y dedicación. Pero no hay nada en este mundo que merezca más la pena.

Resumen del capítulo

Ningún hombre es una isla. Para avanzar en la vida, necesitamos de los demás. Por eso debemos preocuparnos de cultivar relaciones sanas, aquellas que nos ayudan a crecer y que nos convierten en la mejor versión de nosotros mismos y huir de las relaciones tóxicas que solo nos aportan dolor y nos mantienen estancados.

Mantener buenas relaciones con aquellos que nos rodean va a requerir de algo de esfuerzo y dedicación por nuestra parte, pero sus innumerables beneficios para nuestra salud física y mental hacen que este esfuerzo sea una de las mejores inversiones, sino la mejor, que podemos hacer en nosotros mismos y que nos garantiza una vida más larga y gratificante.

Hazte voluntario

«La mejor manera de encontrarte a ti mismo, es perderte en el servicio a los demás.»
— Mahatma Gandhi

Cuando la vida transcurre con normalidad y sin demasiados sobresaltos, es fácil que tendamos a dar por sentadas muchas cosas. Empezamos a quejarnos ante la más mínima frustración y nos olvidamos de dar las gracias por las cosas que tenemos. Esto nos hace caer en un bucle de infinita insatisfacción. Nada de lo que tenemos o alcanzamos a conseguir nos parece suficiente. Y no es hasta que perdemos algo o a alguien que dábamos por seguro cuando conseguimos despertar de este estado de «atontamiento».

Pero no tenemos toda la culpa. Como ya hemos visto en capítulos anteriores, nuestro cerebro está programado para centrarse en los acontecimientos negativos por encima de las positivos y, además, para recordarlos por más tiempo.

Para combatir este indeseable rasgo evolutivo necesitamos de disparadores o desencadenantes emocionales que nos recuerden los aspectos positivos de nuestra vida. Detonantes que te ayuden a apreciar lo valioso que es algo o alguien para ti. Uno de estos disparadores es el voluntariado.

Ser voluntario implica invertir tu tiempo, energía y recursos en mejorar la vida de otras personas. Te ayuda a ver el mundo desde una nueva perspectiva.

Mientras trabajaba como voluntario, me di cuenta de que mis problemas eran insignificantes comparados con los de las personas a las que ayudaba. Realmente llegué a avergonzarme de mí mismo por haber estado quejándome por tonterías durante tanto tiempo.

Si te resulta difícil practicar la gratitud, apuntarte como voluntario puede ser un muy buen punto de partida.

Aspectos a tener en cuenta antes de hacerte voluntario.

El voluntariado puede adoptar cualquier forma. Ser voluntario consiste simplemente en ayudar a otra persona de forma libre y altruista. Sin embargo, para que el impacto de nuestras acciones de voluntariado resulte lo más significativo posible existen algunos aspectos a tener en cuenta.

1. Identifica qué causas te importan.

La mayoría de organizaciones o grupos de voluntarios suelen centrarse en aquellas causas concretas que quieren mejorar. Si intentasen abarcarlas todas, seguramente acabarían por no mejorar ninguna. Ya sabes: «quien mucho abarca, poco aprieta». Este mismo enfoque es el que deberías adoptar tú también.

¿Qué es lo que te mueve? Quizás sean tus ideas, tus valores, la solidaridad, la indignación ante la injusticia, la necesidad de hacer algo útil, tu amor por la naturaleza o las ganas de cambiar el mundo. Este ejercicio te permitirá determinar en qué quieres centrar tu atención y te ayudará a generar un mayor compromiso al tratarse de causas que realmente son importantes para ti.

2. Evalúa tus habilidades.

Una vez elegida tu causa, lo siguiente que tienes que hacer es considerar cómo tus habilidades y capacidades pueden ser útiles para esa organización que has elegido. ¿Eres bueno con los niños? ¿Se te dan bien las personas mayores? ¿Entiendes de informática? ¿Tienes formación en primeros auxilios? ...

Así que, no te lances a ciegas. Pararte por un minuto a pensar en qué forma tus habilidades pueden encajar mejor con la organización elegida aumentará las posibilidades de que tu contribución sea realmente significativa.

3. Determina qué cantidad de tiempo y recursos puedes invertir.

El voluntariado no debería ser algo que hagas de forma esporádica, cuando te sientes motivado o cuando «encuentras» algo de tiempo. Ser voluntario debería ser un estilo de vida. Al igual que una alimentación sana o practicar deporte, el voluntariado requiere de constancia y de disciplina. Por suerte, también al igual que los dos anteriores, cuanto más lo practiques más sencillo te será hacerlo y más beneficios obtendrás a cambio. Por eso es importante que antes de ofrecerte como voluntario te plantees que cantidad de tiempo vas a poder invertir. Marcarte un horario te ayudará a centrar toda tu atención en la causa que intentas promover.

Si vas a ser voluntario, hazlo con todo tu corazón.

4. Busca entre las ofertas disponibles.

Hay muchísimas organizaciones que necesitan voluntarios como tú, sólo tienes que encontrar aquella que te enamore. Puedes empezar preguntando en las asociaciones de tu barrio o pasar directamente a la búsqueda por internet. Hay plataformas online realmente buenas que te facilitarán mucho tu camino como voluntario. Anímate y teclea en Mr. Google: «Quiero ser voluntario».

5. Evalúa tus experiencias.

Después de cada práctica de voluntariado, pregúntate: «¿Qué he aprendido? ¿Cómo puedo mejorar la próxima vez? ¿Qué cosas me llevo conmigo? ¿De qué estoy agradecido? Hacerte estas preguntas te ayudarán a seguir creciendo y a obtener el máximo provecho de cada nueva experiencia.

Tipos de voluntariado.

El voluntariado es una expresión de solidaridad que implica compromiso con las necesidades existentes y los objetivos colectivos. Allá donde existan estas necesidades podrán existir organizaciones de voluntariado que precisen de la participación activa, voluntaria y solidaria de las personas. Los ámbitos, por tanto, pueden ser diversos.

Hay muchas maneras de hacer voluntariado, tantas como necesidades existen en una sociedad. Hagamos un repaso rápido de los **10 principales tipos de voluntariado** para que puedas elegir el que más se corresponda con tus intereses, inquietudes y habilidades.

1. Voluntariado medioambiental.

Con el voluntariado ambiental podrás implicarte directamente en la conservación del medio ambiente y la sensibilización respecto a la protección de la naturaleza, la sostenibilidad y el equilibrio ecológico del planeta.

2. Voluntariado comunitario.

El voluntariado comunitario te permitirá participar en movimientos cívicos, vecinales, colectivos y de participación ciudadana para el desarrollo y la cohesión de la comunidad.

3. Voluntariado cultural.

Mediante el voluntariado cultural podrás implicarte en proyectos diversos relacionados con trabajos de recuperación, conservación o difusión de la identidad cultural e histórica, la promoción de la creatividad y la difusión de los bienes culturales y el patrimonio histórico.

4. Voluntariado deportivo.

El voluntariado deportivo favorece la integración social de las personas de una comunidad y te ofrece, como voluntario, la posibilidad de vincularte con el deporte mediante tu acción altruista.

5. Voluntariado educativo.

El voluntariado educativo te posibilitará participar en la educación de niños y niñas, jóvenes y adultos mediante programas de apoyo a la lectura, refuerzo escolar, alfabetización, educación inclusiva, educación en tiempo libre, actividades de la comunidad escolar, asociaciones de padres y madres de alumnos, etc.

6. Voluntariado de ocio y tiempo libre.

El voluntariado de ocio y tiempo libre colabora con las entidades que desarrollan actividades socio-educativas, culturales, deportivas e incluso actividades relacionadas con el medio ambiente con el fin de potenciar la educación y el desarrollo comunitario.

7. Voluntariado socio-sanitario.

El voluntariado socio-sanitario está dirigido a mejorar la calidad de vida de las personas afectadas por una enfermedad; dar apoyo a familiares de enfermos; promover la donación y trasplantes de sangre y de órganos; participar en la asistencia domiciliaria y hospitalaria; ejecutar programas de sensibilización, promoción de la salud y hábitos de vida saludables; etc.

8. Voluntariado de protección civil.

El voluntariado de protección civil y ayuda humanitaria da respuesta y socorro en situaciones de emergencia: crisis pandémicas, catástrofes naturales, guerras, atentados, accidentes, etc. Las tareas que puedes realizar en un contexto de emergencia son muy variadas: asistencia y apoyo básico, actuaciones médicas, apoyo psicológico, reparto de alimentos, reconstrucción de viviendas, etc.

9. Voluntariado social.

El voluntariado social es uno de los más desarrollados en nuestra sociedad. Es muy cercano a las personas en exclusión social: personas con adicciones, discapacidad, niños y niñas, jóvenes, familias, inmigrantes y refugiados, reclusos y ex-reclusos, minorías étnicas, personas sin hogar, personas mayores, etc. Su finalidad principal es promover la inserción social.

10. Voluntariado en promoción de la igualdad.

El voluntariado en promoción de la igualdad de oportunidades está orientado a favorecer la igualdad entre hombres y mujeres, así como entre el conjunto de colectivos más desfavorecidos.

Los sorprendentes beneficios del voluntariado.

El trabajo voluntario puede tener un gran impacto en el mundo y en las personas que nos rodean, pero también es importante recordar que proporciona importantes beneficios para nuestra salud física y mental.

Practicar la amabilidad y el altruismo, hacer cosas por otras personas y hacerlas sentir bien, tiene un poder que no debemos subestimar.

Estos son algunos de los sorprendentes beneficios del voluntariado:

1. Te conecta con los demás.

Dedicar tu tiempo como voluntario te ayuda a hacer nuevos amigos.

El voluntariado es una gran manera de conocer gente nueva. También fortalece los lazos con la comunidad y amplía tu red de apoyo, acerca a personas con intereses comunes con los que se pueden realizar actividades divertidas y satisfactorias.

Por otra parte, el voluntariado te da la oportunidad de practicar y desarrollar tus habilidades sociales, incluso aunque seas algo tímido o reservado, ya que te reunirás periódicamente con personas con inquietudes y objetivos comunes.

2. Reduce el riesgo de depresión y soledad.

Un factor de riesgo clave para la depresión es el aislamiento social. El voluntariado te mantiene en contacto regular con los demás y te ayuda a desarrollar una red de apoyo sólida que te protegerá contra la tristeza cuando estés pasando por momentos difíciles.

3. Ayuda a mantenerse físicamente saludable.

El voluntariado es bueno para la salud a cualquier edad, pero es especialmente beneficioso en las personas más mayores. Los estudios han encontrado que las personas que trabajan como voluntarios tienen una tasa de mortalidad más baja que las que no lo hacen. Además, el voluntario ayuda disminuir los síntomas de dolor crónico o enfermedades del corazón.

4. Ofrece un propósito.

Tener demasiado tiempo para pensar, preocuparse y cavilar puede ser malo para nuestra salud mental. El voluntariado nos ofrece un propósito, algo para estructurar el día y tener un sentimiento de satisfacción al terminar la semana. Al mismo tiempo, es una oportunidad para desarrollar nuevas habilidades y mantenernos activos física y mentalmente ante la resolución de nuevos retos.

5. Aporta diversión y plenitud a tu vida.

El voluntariado es una manera fácil de explorar tus intereses y pasiones de manera divertida. Además, trabajar como voluntario te ayudará a encontrar significado a tu vida y te ofrecerá una forma interesante de salir de la rutina diaria.

Por todo esto, creo que, sin duda, merece la pena buscar una oportunidad donde tus capacidades y habilidades puedan florecer y ayudar a hacer de este un mundo mejor al tiempo que te ayudas a ti mismo.

Resumen del capítulo

Ser voluntario consiste simplemente en ayudar a otra persona de forma libre y altruista. Pero para que nuestras acciones de voluntariado tengan el mayor impacto positivo posible, antes de apuntarnos a cualquier organización, primero debemos identificar cuáles son aquellas causas que más nos importan, evaluar nuestras habilidades y determinar la cantidad de tiempo y esfuerzo que podremos invertir.

Lo más sorprendente es que cuando trabajas como voluntario no solo estás ayudando a otras personas, sino que también te estás ayudando a ti mismo, pues este proporciona importantes beneficios para nuestra salud física y mental, especialmente en lo que a gratitud se refiere.

Cuando tomamos conciencia de las carencias que otras personas tienen en su vida, empezamos a apreciar muchas cosas que hasta ahora habíamos dado por sentadas.

Combina autogratitud y autocrítica

«La autocrítica debe ser mi guía para la acción, y la primera regla para su empleo es que en sí mismo no es una virtud, solo un procedimiento.»

— Kingsley Amis

Como todo en esta vida, la gratitud también requiere de un equilibrio. Especialmente la gratitud hacia uno mismo o autogratitud.

La autogratitud es como esa palmadita en la espalda que nos damos a nosotros mismos cuando sabemos que hemos hecho algo bien. Estar agradecidos por nuestros éxitos y por aquello que hemos conseguido es algo fundamental, pues nos ayuda a mantenernos motivados y a afrontar nuevos retos y desafíos. Pero debemos tener cuidado, pues un exceso de autogratitud puede hacer que únicamente nos centremos en nuestros logros y nos olvidemos de seguir mejorando.

Recuerda: siempre hay margen de mejora. Si quieres mantenerte en la cima, deberás encontrar nuevas formas de seguir mejorando.

Cuando la autogratitud se convierte en soberbia, empezamos a pensar que ya no nos queda nada por aprender o, peor todavía, que somos mejores que los demás. Un terreno muy peligroso que es mejor no pisar. Da igual que hayas conseguido más o hayas llegado más lejos que otras personas, eso no significa que no puedas seguir aprendiendo de ellas.

Si dejas de aprender, tarde o temprano, tus logros empezarán a desvanecerse hasta acabar convirtiéndose en un recuerdo lejano.

Sabiendo esto, ¿cómo podemos seguir practicando la gratitud sin correr el riesgo de que esta acabe convirtiéndose en soberbia y volviéndose en nuestra contra? Muy fácil. Como he dicho al principio de este capítulo, con moderación. Manteniendo un equilibrio. Para ello combinaremos la autogratitud con la autocrítica.

Practicar la autocrítica consiste simplemente en someternos a escrutinio. De esta forma, por un lado, podremos identificar nuestros errores y así encontrar la forma de corregirlos o mejorarlos; y por otro, seremos capaces de mantener la humildad al ser conscientes de que todavía nos queda mucho por aprender.

Esta es la estrategia que utilizan las personas de éxito. Reconocen y agradecen sus logros y sus victorias, pero tras la celebración vuelven al trabajo, pues son conscientes de que siempre hay mucho por mejorar. Esto les ayuda a mantenerse motivados al mismo tiempo que centrados en seguir siendo los mejores en aquello que hacen.

El objetivo no es alcanzar el éxito una vez, sino mantener una vida de éxito.

¿Cómo encontrar el equilibrio?

Vivimos en un universo en equilibrio. Podemos verlo en todo lo que nos rodea. Desde el delicado equilibrio que existe entre el dióxido de carbono que producen las plantas y que nosotros respiramos, y viceversa, hasta las grandes fuerzas centrípetas y centrífugas que se compensan para mantener el Sistema Solar en armonía. Una pequeña modificación de estas fuerzas haría que nos precipitásemos contra el Sol o saliésemos disparados sin rumbo por el espacio sideral. Lo mismo ocurre con el ser humano y la gratitud. Necesitamos equilibrio para funcionar, y la mejor manera de conseguirlo es encontrar ese punto intermedio llamado moderación.

Por desgracia, a la mayoría de las personas les resulta difícil encontrar ese punto de equilibrio y tienden a inclinarse hacia un extremo u otro de la balanza. Y si, como acabamos de ver, un exceso de autogratitud puede ser perjudicial, no lo es menos un exceso de autocrítica.

El hecho de criticarse continuamente a uno mismo, daña tu autoconfianza, no te permite reconocer ni disfrutar de tus éxitos, te aleja de tus objetivos, te bloquea, te paraliza y te hace desarrollar una mentalidad de fracaso que influirá negativamente sobre todos tus resultados. Como ves, encontrar el punto intermedio es vital.

Para empeorar todavía más las cosas, te hace desarrollar una mentalidad de fracaso. Antes de empezar nada, ya pensarás que no lo conseguirás, lo que sin duda afectará tus resultados. Por suerte, existe una solución muy sencilla y que apenas requiere de esfuerzo.

Para mantener el equilibrio entre autogratitud y autocrítica lo único que tienes que hacer es un sencillo ejercicio de dos pasos que tan solo te llevará unos pocos minutos:

- Paso 1: Busca algo que agradecer en toda crítica.
- Paso 2: Busca algo que mejorar en cada agradecimiento.

Así de fácil.

Esto es algo que, con el tiempo, he integrado como parte de mí y que ya hago sin tan siquiera darme cuenta. Por ejemplo, con mis libros. Es indudable que escribir un libro es un gran logro. Aun así, cada vez que termino de escribir uno, me pregunto: ¿qué cosas podría mejorar? ¿cómo puedo hacerlo mejor la próxima vez? ¿de qué manera podría aportar más valor a mis lectores? Del mismo modo, cuando recibo una mala reseña de estos –algo que hace mella en muchos autores, hasta el punto incluso de dejar de escribir–, enseguida busco la parte positiva como, por ejemplo, saber que si he tenido una reseña negativa significa que estoy vendiendo libros, algo que muchos autores no pueden decir (piensa que, de media, de cada 200 libros vendidos se obtiene una reseña), o que, gracias a esa crítica sé cómo puedo corregir mi libro o mejorar los siguientes.

Pero hasta que esta técnica llegue a formar parte de ti y te salga de manera automática, la mejor forma de aplicarla es por medio de tu diario de gratitud. Busca y anota aspectos por los que estar agradecido en cada uno de tus errores y putos de mejora en todos tus éxitos y tus logros.

Asegúrate de que existe un equilibrio en el número de críticas y de cosas por las que estás agradecido, pues recuerda que: **solo en el punto medio está virtud**.

Resumen del capítulo

Autogratitud y autocrítica son dos caras de la misma moneda. Mientras la autogratitud te ayuda a mantenerte motivado, apreciar tus logros y afrontar nuevos desafíos, la autocrítica te permite identificar tus errores y encontrar formas de corregirlos o mejorarlos. Sim embargo, ambos factores, llevados al extremo, se convierten en un problema. Por ello debes encontrar el punto de equilibrio entre ambos.

La moderación es la clave para obtener los mejores resultados. Y la mejor manera de conseguirla es asegurarte de buscar algo que agradecer en toda crítica y algo que mejorar en cada agradecimiento. Este sencillo ejercicio te ayudará a mantener el equilibrio imprescindible de una vida feliz y exitosa.

Próximos pasos

En primer lugar, me gustaría felicitarte por haber llegado hasta aquí. Son muchas las personas que proclaman a los cuatro vientos que les gustaría ser más felices, pero pocas las hacen algo por conseguirlo. El día que decidiste comprar este libro ya te desmarcaste del resto dando tu primer paso hacia una vida más exitosa y llena de significado.

Así pues... ¡ENHORABUENA!

¿Y ahora qué?

El siguiente paso es simple, **ahora toca poner en práctica lo aprendido** en este libro.

«Hay tres tipos de personas: las que hacen que las cosas pasen; las que miran las cosas que pasan y las que se preguntan qué pasó.» – Nicholas Murray Butler.

Al leer este libro, dejaste de pertenecer al tipo de personas que no saben siquiera lo que está pasando. Pero cuidado, es fácil caer en la categoría de los que simplemente ven cómo suceden las cosas. Esto ocurre cuando sabes lo que hay que hacer, pero nunca llegas a aplicarlo. Es como tener las llaves del castillo pero, en lugar de usarlas, intentar abrir sus puertas a cabezazos.

Del mismo modo, si quieres una vida más feliz y llena de significado, no puedes quedarte en la teoría, necesitas poner en práctica los siete pasos que has aprendido en este libro. Estos serán el pasaporte en tu viaje de gratitud.

No necesitas aplicar todos los pasos de golpe mañana mismo. Tómatelo con calma. Vuelve a leer este libro. Elige un paso y comienza a implementarlo progresivamente en tu día a día.

Cuando hayas interiorizado este nuevo hábito, pasa al siguiente, sin prisas. Piensa que, cada uno de estos pasos, por sí solo, tiene el poder de cambiar tu vida.

Disfrutar del camino amigo mío, y recuerda:

«Es la gratitud la que nos hace ser felices y no la felicidad la que nos hace sentir agradecidos.»

¡Un abrazo!
Daniel

Agradecimientos

Por supuesto, en un libro sobre gratitud, no podía olvidarme de dar las gracias.

Y no hay nada en este mundo por lo que esté más agradecido que por tener en mi vida a mis padres, Isabel y Juan, a mi chica, Kathy y a nuestro conejito, Snoopy.

Y naturalmente, a ti, amigo lector, de todo corazón, GRACIAS.

¿Me echas una mano?

Como autor independiente que soy, tu opinión es muy importante para mí y para futuros lectores como tú. Te estaría enormemente agradecido si me dejases **un comentario en tu plataforma favorita** diciéndome qué te ha parecido mi libro **para así poder seguir mejorándolo**:

- ¿Qué es lo que más te ha gustado?
- ¿Hay algo que hayas echado en falta?
- ¿A quién se lo recomendarías?
- ...

¡Un regalo solo para ti!

¿Te gustaría leer **mi próximo libro completamente GRATIS**? ¡Escanea el código que aparece debajo y **apúntate a mi club de lectores**!

Te esperan grandes sorpresas: sé el primero en leer mis nuevos lanzamientos, escucha mis audiolibros de forma gratuita, consigue copias firmadas y dedicadas... ¡y mucho más!

Otros libros de Daniel J. Martin